Hallo, liebe Freunde!

Hier sind wir! Wir sind die neuen tollen Amigurumi Minis. In den Manga-Comics sind wir die Freunde der Helden, aber nun begleiten wir bald euch! Besorgt euch einfach eine Häkelnadel und buntes Garn und los geht´s! Mithilfe einfacher Anleitungen, dem Grundkurs zum Häkeln von Amigurumi, der Häkel-Geheimschrift und tollen Figurenzeichnungen habt ihr uns ganz schnell zum Leben erweckt. Und dann hängt uns an euren Rucksack, an eure Jacke oder nehmt uns einfach ganz nah an euch, und wir beschützen euch Tag und Nacht!
Damit ihr wisst, was außerdem in uns steckt, lest doch als erstes einmal die Story auf den Seiten 16 und 17!

Viel Spaß mit uns wünschen euch eure neuen Freunde
Akemi, Maya, Kazumi und alle anderen!

Inhalt

Wichtig:

Für die Anfertigung aller Figuren brauchst du folgende Grundmaterialien:

- Häkelnadel Nummer 2
- Sticknadel
- Schere
- Watte zum Stopfen der Körperteile

Beachte bitte, dass je nach Garnstärke und je nachdem, ob du lockerer oder fester häkelst, die Figuren vom Foto abweichen können!

Das Symbol ø in den Materialangaben bedeutet „Durchmesser".

Schachenmayr nomotta
Bravo
Schachenmayr nomotta
Bravo
Der klassische Alleskönner
Schachenmayr nomotta
Bravo
Schachenmayr nomotta
Bravo

So lernst du häkeln

Von der Anfangsschlinge bis zur Luftmaschenkette

1

Lege den Faden zu einer Schlaufe!

2

Ziehe den oberen Faden als Schlaufe von unten durch!

3

Ziehe die entstandene Schlinge fest!

4

Lege den Faden, der zum Knäuel führt, 2-mal um den Zeigefinger! Stecke die Häkelnadel durch die Schlinge und ziehe sie fest! Halte die Hände so, wie auf dem Bild zu sehen!

5

Hole den Faden! So hast du einen Umschlag auf der Häkelnadel.

6

Drehe die Häkelnadel etwas nach links!

7

Ziehe den Umschlag mit der Häkelnadel in Richtung Anfangsschlinge!

8

Ziehe den Umschlag mit der Häkelnadel durch die Anfangsschlinge! So erhältst du die erste Luftmasche.

9

Wiederhole 5. bis 8. solange, bis du die benötigte Anzahl an Luftmaschen hast! So erhältst du eine Luftmaschenkette.

Kettmasche

1

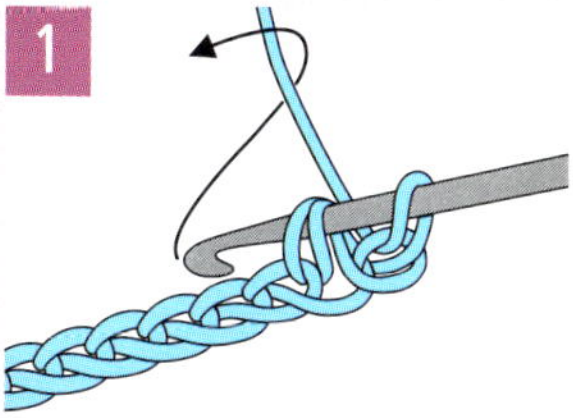

Häkle eine Luftmaschenkette und stich mit der Häkelnadel von vorne durch die vorletzte Luftmasche! Fasse dabei immer die 2 oberen Schlingen! Führe den Faden von hinten nach vorne um die Nadel!

2

Du hast nun den Umschlag auf der Nadel. Ziehe diesen Umschlag weiter durch die auf der Nadel liegenden Schlingen!

3

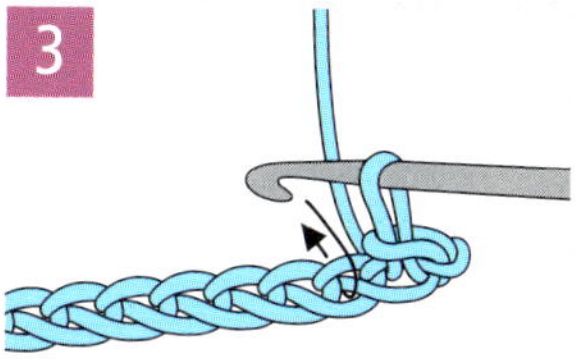

Die erste Kettmasche ist fertig. Wiederhole 1. und 2. für jede weitere Masche! Achte darauf, dass immer die 2 oberen Schlingen der Luftmasche aufgefasst werden!

Halbes Stäbchen

1

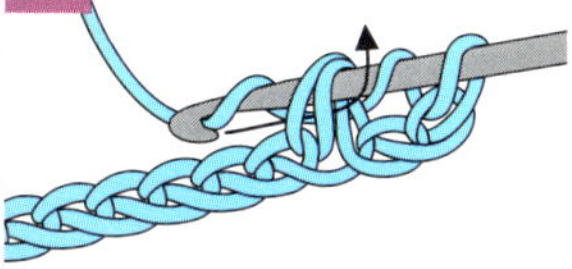

Die letzten 2 Luftmaschen sind Ersatz für das 1. halbe Stäbchen. Mache einen Umschlag! Durchstich die 2 oberen Schlingen der 3. Luftmasche, ziehe den Faden durch!

2

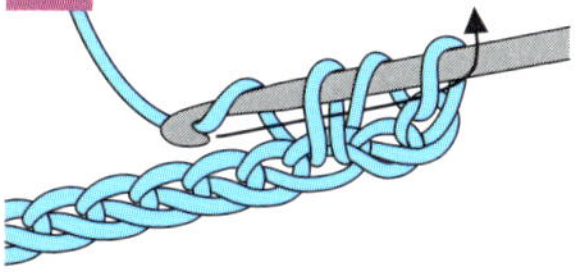

Jetzt sind 3 Schlingen auf der Nadel. Hole den Faden erneut! Ziehe den Faden durch die 3 Schlingen!

3

Wiederhole 2. und 3. für die folgenden Maschen bis zum Reihenende!

Kreis häkeln

1

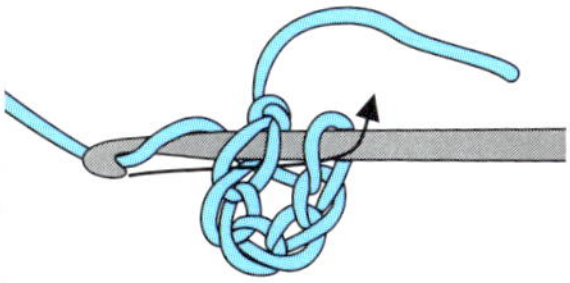

Häkle eine Luftmaschenkette mit 5 Maschen! Stich mit der Nadel in die 1. Masche ein! Schließe mit 1 Kettmasche die Luftmaschenkette zum Ring!

2

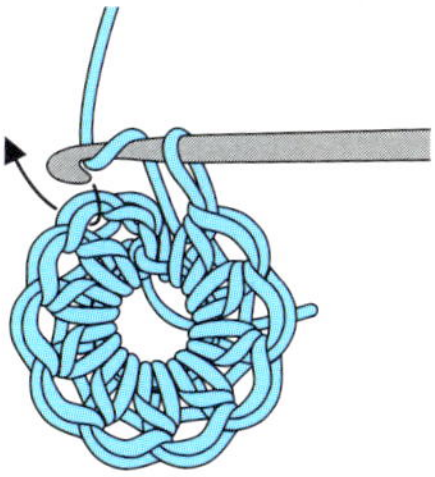

Häkle in der 1. Runde 2 Ersatzluftmaschen für das 1. halbe Stäbchen und 9 halbe Stäbchen in den Luftmaschenring!

3

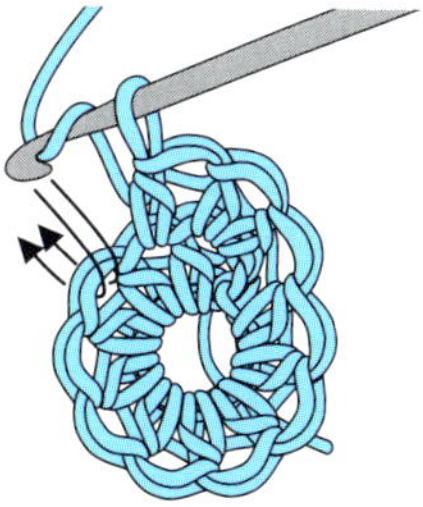

Häkle weiter abwechselnd 2 halbe Stäbchen in eine Masche, 1 halbes Stäbchen in eine Masche! Ab der 6. Runde häkle ohne Zunahme weiter!

Reihen häkeln

1

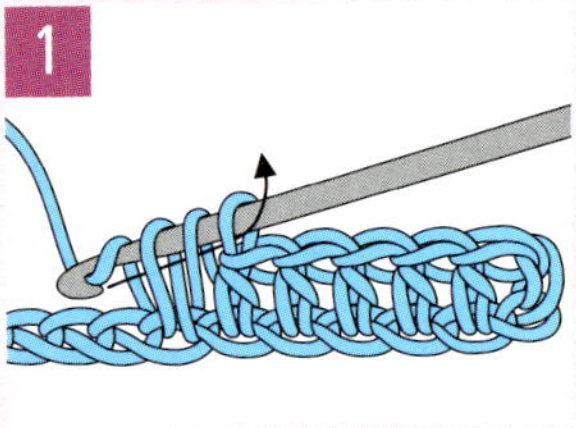

Häkle in der 1. Reihe von rechts nach links über die Luftmaschenkette (für Linkshänder: von links nach rechts)!

2

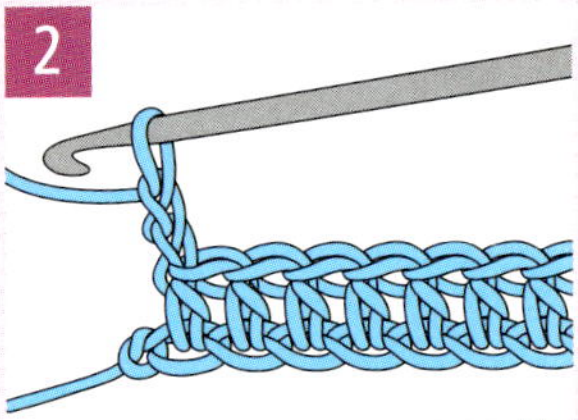

Am Ende der Reihe mache 2 Luftmaschen als Ersatz für das 1. halbe Stäbchen.

3

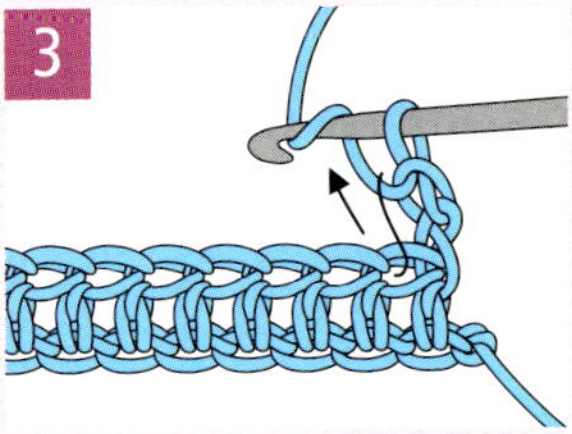

Wende die Arbeit! Die nächste Masche wird immer auf die 1. Masche der Vorreihe gearbeitet. Häkle weiter mit halben Stäbchen!

Maschenzunahme

1

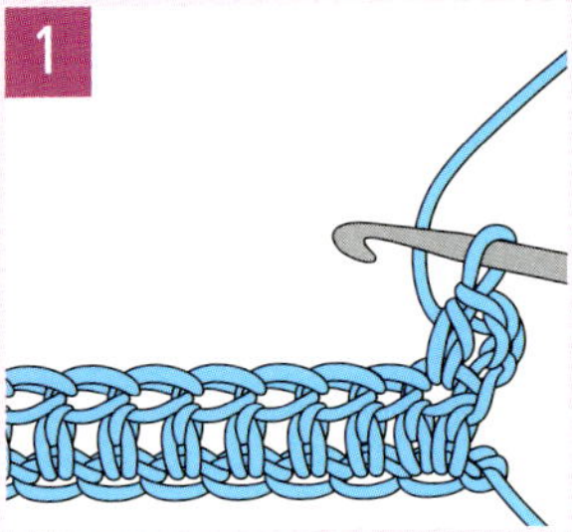

Am Anfang einer Reihe oder Runde: Häkle 2 halbe Stäbchen in die 1. Masche der Vorreihe!

2

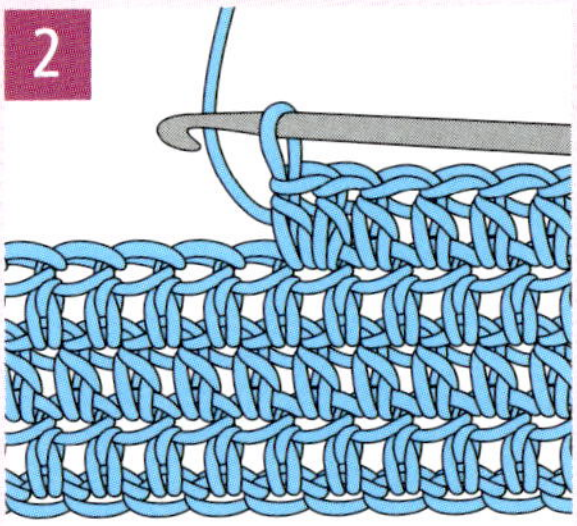

Innerhalb einer Reihe oder Runde: Häkle je nach Häkelschrift 2 halbe Stäbchen in die Masche der Vorreihe!

3

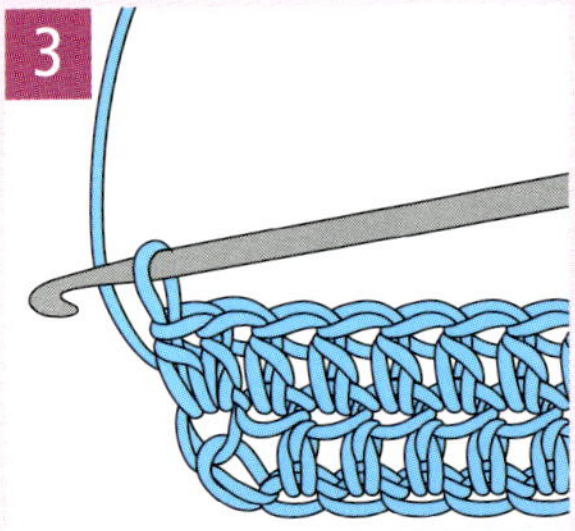

Am Ende einer Reihe oder Runde: Häkle 2 Maschen in die 2. Ersatzluftmasche der Vorreihe!

Maschenabnahme

1

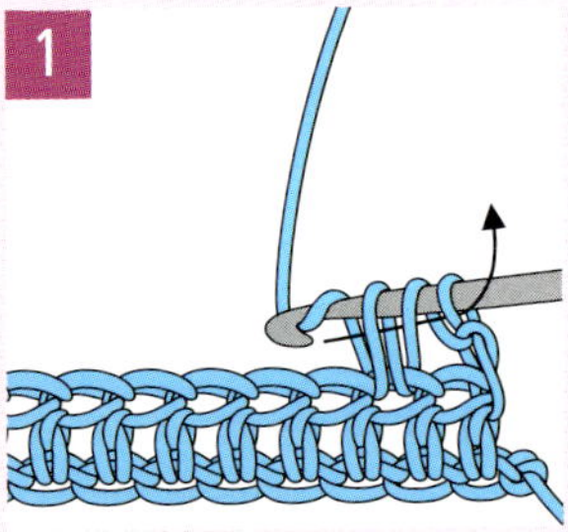

Am Reihenanfang häkle 1 Ersatzluftmasche! Dann häkle das 1. halbe Stäbchen in die 2. Masche der Vorreihe!

2

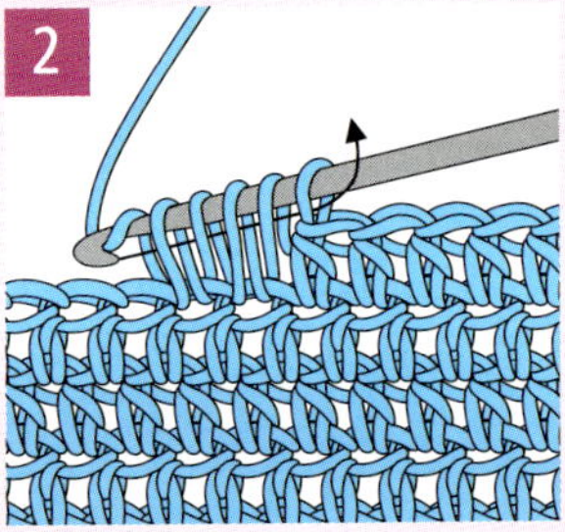

Innerhalb der Reihe hole aus 2 Maschen der Vorreihe die Schlingen für halbe Stäbchen! Dann häkle sie zusammen!

3

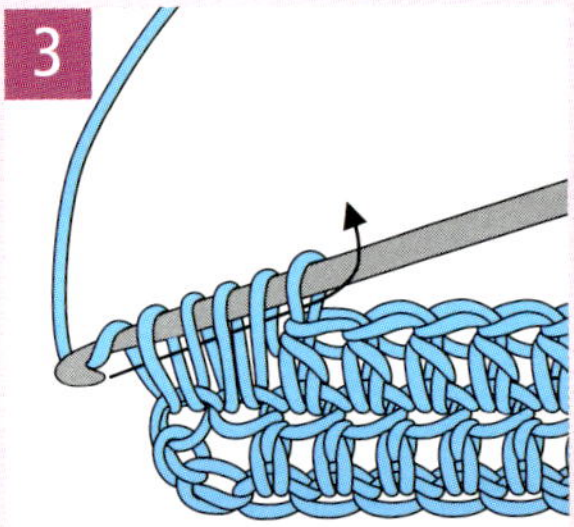

Am Ende der Reihe hole aus der letzten Masche und der 2. Ersatzluftmasche der Vorreihe die Schlingen für halbe Stäbchen! Dann häkle sie zusammen!

Die Häkel-Geheimschrift

Wenn du eine Figur häkeln willst, brauchst du eine Häkelschrift. Es ist sozusagen eine Geheimschrift zum Häkeln. Sie zeigt, welche Maschen du wohin häkeln musst. Schau dir also die Symbole genau an und was sie bedeuten!

Das bedeuten die Zeichen:

- * = Anfangsluftmasche, damit beginnst du immer
- • = Luftmasche
- ⌒ = Kettmasche
- T = halbes Stäbchen
- ↗ → = Häkelrichtung

Kreis

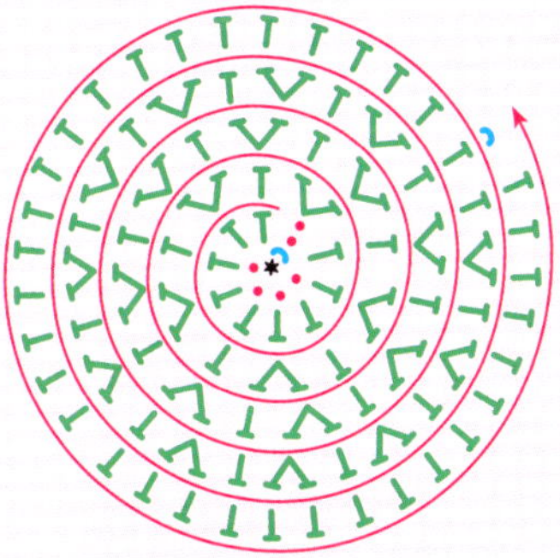

Oval

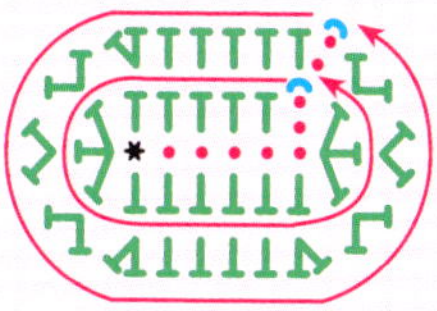

Rechteck

Dreieck

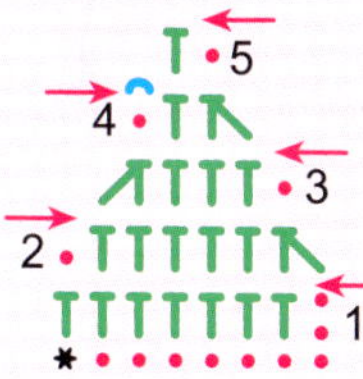

Auf den Faltseiten am Anfang des Buches findest du zu jeder Figur einzelne Häkelschriften von Kopf, Körper, Ohren, Armen, Füßen und so weiter. Wenn du eine Figur ausgesucht hast, wähle die passenden Häkelschriften mithilfe der Tabelle aus und lege sie vor dich hin! Lies sie und häkle los!

Tipp:

Kopiere die Häkelschrift und lege sie auf eine Styropor- oder Korkunterlage! Markiere mit einer Pinnnadel, wo du bist! Du kannst aber auch einfach mit dem Bleistift einen Strich machen, wo du gerade bist.

Tipp für Linkshänder:

Da du von links nach rechts häkelst, musst du die Häkelschrift spiegelverkehrt lesen. Geh in den Kopierladen und lass sie dir spiegelverkehrt kopieren! Dann musst du nicht während des Häkelns ständig umdenken.

Amigurumi häkeln

Kreisform für Kopf oder Körper häkeln

1. Häkle einen Kreis, wie auf Seite 5 bei „Kreis häkeln" beschrieben! Wie groß der Kreis werden muss, steht in der Anleitung zu deiner Figur.
2. Beende den Kreis mit 1 Kettmasche! Für Kopf und Körper benötigst du jeweils 2 Kreisformen. Wenn er aus 2 Farben besteht, lies unter „Kleiner Körper häkeln", wie du den Farbwechsel machst!

Kreisform halb zusammennähen

1. Lege die Kreise links auf links genau aufeinander!
2. Fädele einen Faden in die Nadel ein und mache am Fadenende einen Knoten!
3. Stich von außen nach innen am Kreisrand ein und zieh den Faden durch!
4. Nähe nun mit Heftstichen die Kreise am Rand entlang bis zur Hälfte zu!

Einlegen der Kugel/Füllen mit Watte

Lege die Styroporkugel in die „Höhle"! Wie links zu sehen.
ODER:
Stopfe mit mehreren kleinen Wattestücken die „Höhle" aus! Forme sie so, dass eine Kugel entsteht! Wie rechts zu sehen.

Kugel zunähen

Nähe nun mit Heftstichen die Kugel am Rand entlang komplett zu!

Kleinen Körper häkeln

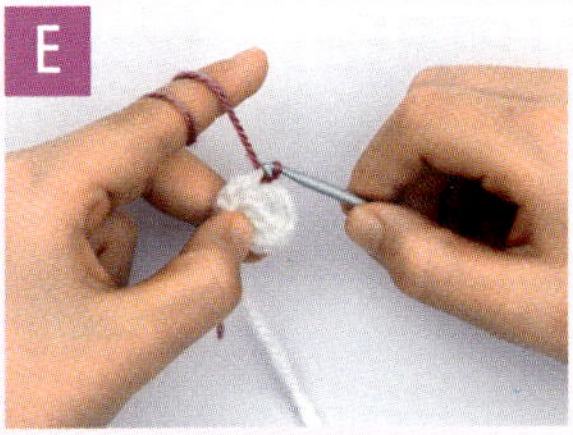

1. Häkle einen Kreis! Im Grundkurs auf Seite 5 bei „Kreis häkeln" siehst du, wie das geht! Wie groß der Kreis werden muss, kannst du in der Anleitung zu deiner Figur lesen. Willst du die Farbe wechseln, lege einen neuen Faden an die Häkelnadel, zieh ihn als Schlinge durch (E) und häkle weiter!
2. Schneide den Faden der ersten Farbe bis auf 10 cm ab und vernähe ihn mit einer Nadel auf der Rückseite des Kreises (F)! Genau so machst du es auch mit dem Faden der zweiten Farbe.
3. Beende den Kreis mit 1 Kettmasche!
4. Häkle einen zweiten einfarbigen Kreis für den Rücken!
5. Nähe die 2 Kreise links auf links halb zusammen, stopfe die „Höhle" mit Watte und nähe die Öffnung zu!

Runde Füße oder Arme häkeln

1. Häkle 3 Luftmaschen und schließe sie mit einer Kettmasche zum Ring!
2. Häkle in der 1. Runde 2 Ersatzluftmaschen und 5 halbe Stäbchen in den Luftmaschenring!
3. Häkle in der 2. Runde abwechselnd 2 halbe Stäbchen in eine Masche, 1 halbes Stäbchen in eine Masche!
4. Häkle in der 3. und letzten Runde in jede Masche 1 halbes Stäbchen! Beende die Halbkugel mit 1 Kettmasche!

Ovale Füße häkeln

1. Häkle 6 Luftmaschen!
2. Für die 1. Reihe mache 2 Luftmaschen anstatt des 1. halben Stäbchens, dann häkle in halben Stäbchen weiter!
3. Bei der letzten Masche der Reihe nimm 3 halbe Stäbchen zu!
4. Häkle nun auf der anderen Seite der Luftmaschenreihe wieder 1 Reihe halbe Stäbchen!
5. Nimm bei der letzten Masche der Reihe wieder 3 halbe Stäbchen zu (H)!
6. Schließe die Runde mit 1 Kettmasche!
7. Häkle in der folgenden Runde 2 Luftmaschen, nimm an den Schmalseiten jeweils gegenüberliegend 5 halbe Stäbchen zu! An den Längsseiten häkle in jede Masche 1 halbes Stäbchen!
8. Beende die Arbeit mit 1 Kettmasche!
9. Häkle hiervon 2 ovale Formen, nähe ein Paar jeweils halb zusammen, fülle die „Höhle" mit Watte und nähe die Öffnung zu (I)!

Dreieckige Ohren häkeln

1. Häkle 8 Luftmaschen!
2. Häkle 2 Ersatzluftmaschen, nun 1 Reihe halbe Stäbchen!
3. Häkle in den folgenden Reihen am Anfang als Abnahme 1 Luftmsche, überspringe die 1. Masche der Vorreihe, dann häkle halbe Stäbchen! halbe Stäbchen! Häkle am Ende die letzten 2 halben Stäbchen zusammen!
4. Ende mit 1 Kettmasche, in der Ersatzluftmasche der Vorreihe! Stelle zwei Ohren her!

Ovale Ohren häkeln

1. Häkle 3 Luftmaschen und schließe sie mit einer Kettmasche zum Ring!
2. Häkle in der ersten Runde 2 Ersatzluftmaschen und 5 halbe Stäbchen in den Ring!
3. Häkle in der 2. Runde abwechselnd 2 halbe Stäbchen in eine Masche, 1 halbes Stäbchen in 1 Masche!
4. Häkle jetzt ohne Zunahme, bis die gewünschte Länge erreicht ist, ende mit 1 Kettmasche! Stelle zwei Ohren her!

Körperteile annähen

1. Hast du alle Einzelteile gehäkelt, werden sie miteinander verbunden. Nähe die Einzelteile mithilfe des Endfadens und einer Nähnadel an den Kopf und den Körper an!
2. Vernähe die Fäden, die du nicht verwendest! Anhand des Bauplans auf Seite 32 und der Figurenzeichnungen am Ende des Buches siehst du genau, wohin welches Teil gehört.

Hitomi & Co.

So häkelst du:

Beachte die Häkelschriften und die Figurenzeichnungen für die kleinen und großen Kugelgesichter!

Körper

1. Häkle für die großen Kugelgesichter einen Kreis mit einem Durchmesser von ca. 6 cm (für die kleinen Kugelgesichter mit einem Durchmesser von ca. 4 cm) in einer Farbe und einen zweiten Kreis in einer anderen Farbe! Achtung: Beim kleinen Kugelgesicht wird bereits die 5. Runde ohne Zunahme gehäkelt.
2. Lege die zwei Kreise genau aufeinander und nähe sie bis zur Hälfte zusammen!
3. Lege die Styroporkugel ein oder fülle den Körper mit Watte!
4. Nähe die Öffnung zu!

Haare

1. Schneide für die großen Kugelgesichter nach Belieben 8 bzw. 16 Fäden in einer Länge von 4 cm (für die kleinen Kugelgesichter in einer Länge von 3 cm) zu!
2. Lege die Fäden nebeneinander!
3. Umwickle die Mitte fest mit einem Faden!
4. Schneide das Haarbüschel rund!
5. Nähe es oben an die Kugel!

Zottel-Fäden

1. Schneide vier Fäden in einer Länge von 8 cm oder 14 cm zu!
2. Binde die Fäden mittig zusammen!
3. Nähe die Zottelfäden an!

Und zum Schluss:

Sticke Nase und Mund auf! Nähe die Knöpfe als Augen auf!
Du kannst die Augen auch häkeln. Häkle dafür zwei Kreise jeweils nur mit einer Runde und sticke die Pupillen auf!

Das brauchst du:

- *dünnes Garn aus 100 % Polyacryl, Farben nach deiner Wahl*
- *Nähgarn nach deiner Wahl*

für die großen Kugelgesichter:

- *Styroporkugel, 5 cm ø oder Watte*
- *je 2 Knöpfe, 1,4 cm ø*
- *je 2 Knöpfe, 0,6–1,8 cm ø*

für die kleinen Kugelgesichter:

- *Styroporkugel, 3 cm ø oder Watte*
- *je 2 Knöpfe, 0,8 oder 1,4 cm ø*

冒険

Ich möchte etwas erleben

Haruka

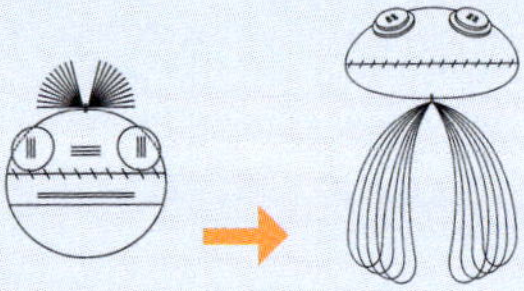

So häkelst du:

Beachte die Häkelschriften und die Figurenzeichnungen für die Qualle!

Körper

1. Häkle zwei Kreise mit einem Durchmesser von ca. 6 cm in Orange!
2. Lege die beiden Kreise aufeinander und nähe sie bis zur Hälfte zusammen!
3. Fülle die Körperform mit Watte aus, so dass eine runde Form entsteht!
4. Forme den Körper aus!
5. Nähe die Öffnung zu!

Fangarme

1. Häkle je 100 Luftmaschen in Orange und Weiß zu einem Ring!
2. Lege jeden Ring 2-mal zusammen und nähe ihn in der Mitte unten am Körper an!

Und zum Schluss:

Lege jeweils einen kleinen auf einen großen Knopf und nähe sie als Augen auf!
Du kannst die Qualle auch in anderen Farben, wie z. B. oben im Bild, häkeln.

Das brauchst du:

- *dünnes Häkelgarn aus 100 % Polyacryl in Orange und Weiß*
- *2 Knöpfe in Hellblau, 1,0 cm ø*
- *2 Knöpfe in Weiß, 1,8 cm ø*
- *Nähgarn in Orange*

元気？

Wie geht´s dir?

Kazumi

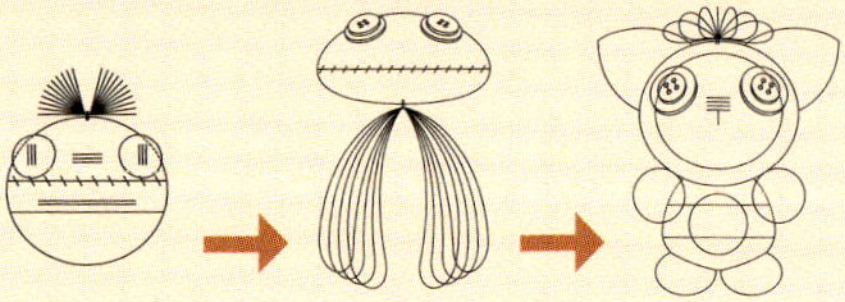

So häkelst du:

Beachte die Häkelschriften und die Figurenzeichnungen für die Katze!

Kopf

1. Häkle einen Kreis mit einem Durchmesser von ca. 6 cm in Orange!

2. Häkle einen zweiten Kreis mit einem Durchmesser von ca. 6 cm. Beginne mit Grün! Wechsle nach ca. 4,5 cm die Farbe und häkle in Orange weiter!

3. Lege die zwei Kreise aufeinander und nähe sie bis zur Hälfte zusammen!

4. Lege die Styroporkugel ein oder fülle den Kopf mit Watte!

5. Nähe die Öffnung zu!

Körper

1. Häkle einen Kreis mit einem Durchmesser von ca. 3 cm in Orange!

2. Häkle einen zweiten Kreis mit einem Durchmesser von ca. 3 cm! Beginne mit Grün! Wechsle nach ca. 2 cm die Farbe und häkle in Orange weiter!

3. Nähe jetzt die zwei Kreise bis zur Hälfte zusammen!

4. Fülle den Körper mit Watte!

5. Nähe die Öffnung zu!

Arme

1. Häkle zwei kleine Halbkugeln in Orange!

2. Fülle sie mit wenig Watte aus!

3. Nähe jeweils die Öffnung fest zusammen! So entstehen kleine Kugeln.

Füße

1. Häkle 4 Ovale in Orange!

2. Lege jeweils 2 Ovale aufeinander und nähe sie bis zur Hälfte zusammen!

3. Fülle die Füße mit Watte!

4. Nähe jeweils die Öffnung zu!

Schwanz

1. Häkle den Schwanz in Form eines Rechtecks!

2. Rolle es zu einem Schlauch zusammen!

3. Nähe alle Seiten zu!

Ohren

1. Häkle je ein Dreieck in Orange und Grün!

2. Umhäkle alle Seiten mit Kettmaschen!

Und zum Schluss:

Nähe alle Teile zusammen! Lege jeweils einen kleinen auf einen großen Knopf und nähe sie als Augen an! Sticke die Nase in Rosa auf!
Du kannst die Katze auch in anderen Farben, wie z.B. links oben, häkeln.

Das brauchst du:

- *dünnes Garn aus 100 % Polyacryl in Orange, Grün und Rosa*
- *Styroporkugel, 5 cm ø*
- *2 Knöpfe in Dunkelgrün, 1,2 cm ø*
- *2 Knöpfe in Weiß, 1,8 cm ø*
- *Nähgarn in Schwarz*

楽しい

Die Amigurumi-Story

1. Am Anfang war die Kugel, und die rollte so durch die Welt und dachte sich: „Hey, ich könnte ja auch mal ganz anders aussehen. Ich werde jetzt ein ...

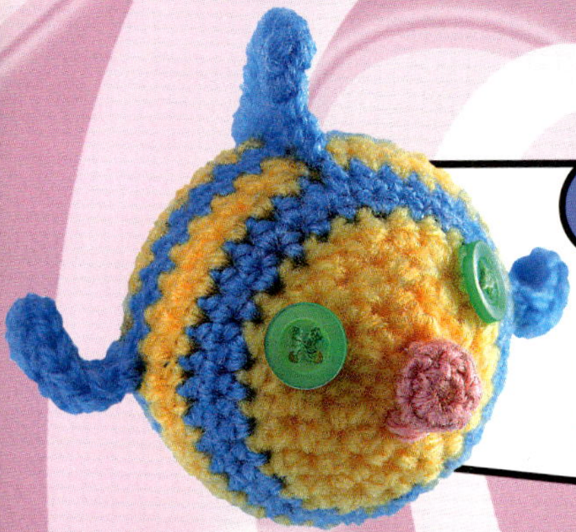

2. ... Fisch!" Gedacht - getan. Und der Fisch schwamm so durch die Welt und dachte: „Hey, ich könnte Freunde finden gehen, also werde ich ein ...

3. ... Amigurumi! Das ist toll, denn ich kann Menschen treffen, Spaß haben und auch mit ihnen kommunizieren. Hmmm, aber wie? Ich versuch's mal mit meinem Bauch ..."

... und was sagt
dein Bauch?
Ich will Action!!
Ich bin verliebt!
Wenn du mehr wissen willst...
www.amigurumis.de

Kouhei

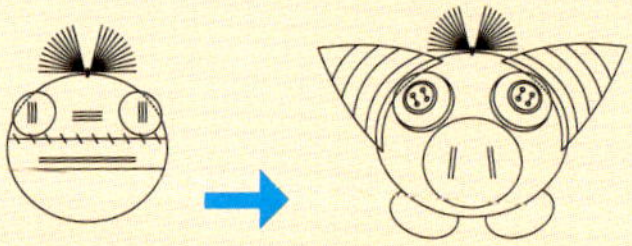

So häkelst du:

Beachte die Häkelschriften und die Figurenzeichnungen für das Schwein!

Körper

1. Häkle zwei Kreise mit einem Durchmesser von ca. 6 cm in Türkis!

2. Lege die beiden Kreise aufeinander und nähe sie bis zur Hälfte zusammen!

3. Fülle den Körper mit Watte, so dass eine feste Form entsteht!

4. Nähe die Öffnung zu!

Füße

1. Häkle vier kleine Halbkugeln in Rosa!

2. Fülle sie mit wenig Watte aus!

Rüssel

1. Häkle zuerst einen Kreis mit einem Durchmesser von ca. 3 cm in Gelb!

2. Häkle zwei Runden ohne Zunahme weiter!

3. Ende mit einer Kettmasche!

4. Fülle die Schnauze mit Watte aus!

5. Sticke die Nasenlöcher in Rosa auf!

Schwanz

1. Häkle den Schwanz in Form eines Rechtecks in Gelb!

2. Rolle es zu einem Schlauch zusammen!

3. Nähe alle Seiten zu!

Ohren

1. Häkle ein Dreieck in Gelb und eines in Gelb-Rosa-Gestreift!

2. Umhäkle alle Seiten mit Kettmaschen!

Haare

1. Schneide 16 Fäden in einer Länge von 4 cm zu!

2. Lege die Fäden mittig zusammen!

3. Umwickle die Mitte fest mit einem Faden!

4. Schneide das Haarbüschel rund!

Und zum Schluss:

Nähe alle Teile zusammen! Nähe zwei Knöpfe als Augen an!
Du kannst das Schwein auch in anderen Farben, wie z.B. links oben, häkeln.

Das brauchst du:

- *dünnes Garn aus 100 % Polyacryl in Türkis, Gelb und Rosa*
- *2 Regenbogenknöpfe, 1,8 cm ø*
- *Nähgarn in Gelb*

幸せ

Ich bin glücklich

Aiko

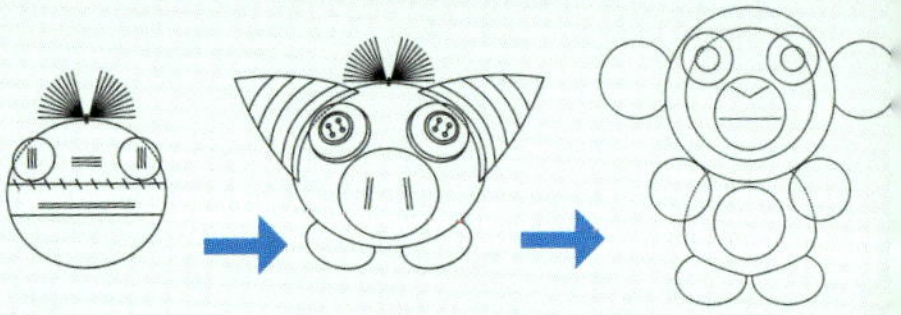

So häkelst du:

Beachte die Häkelschriften und die Figurenzeichnungen für den Affen!

Kopf

1. Häkle einen Kreis mit einem Durchmesser von ca. 6 cm in Gelb!
2. Häkle einen zweiten Kreis mit einem Durchmesser von ca. 6 cm! Beginne mit Blau! Wechsle nach ca. 4,5 cm die Farbe und häkle in Gelb weiter!
3. Lege die zwei Kreise aufeinander und nähe sie bis zur Hälfte zusammen!
4. Lege die Styroporkugel ein oder fülle den Kopf mit Watte!
5. Nähe die Öffnung zu!

Körper

1. Häkle einen Kreis mit einem Durchmesser von ca. 3 cm in Gelb!
2. Häkle einen zweiten Kreis mit einem Durchmesser von ca. 3 cm! Beginne mit Blau! Wechsle nach ca. 2 cm die Farbe und häkle in Gelb weiter!
3. Nähe die zwei Kreise bis zur Hälfte zusammen!
4. Fülle den Körper mit Watte!
5. Nähe die Öffnung zu!

Arme

1. Häkle zwei kleine Halbkugeln in Gelb!
2. Fülle sie mit wenig Watte aus!
3. Nähe jeweils die Öffnung fest zusammen! So entstehen kleine Kugeln.

Füße

1. Häkle 4 Ovale in Gelb!
2. Lege jeweils 2 Ovale aufeinander und nähe sie bis zur Hälfte zusammen!
3. Fülle die Füße mit Watte!
4. Nähe jeweils die Öffnung zu!

Maul

1. Häkle zuerst einen Kreis mit einem Durchmesser von ca. 3 cm in Blau!
2. Häkle zwei Runden ohne Zunahme weiter!
3. Ende mit einer Kettmasche!
4. Fülle die Schnauze mit Watte aus!

Schwanz

1. Häkle den Schwanz als Rechteck in Gelb!
2. Rolle es zu einem Schlauch zusammen!
3. Nähe alle Seiten zu!

Ohren

Häkle zwei Kreise mit einem Durchmesser von 2 cm in Gelb!

Und zum Schluss:

Nähe alle Teile zusammen! Sticke die Nase in Rot auf. Nähe die Knöpfe als Augen an!
Du kannst den Affen auch in anderen Farben, wie z.B. links oben, häkeln.

Das brauchst du:

- *dünnes Garn aus 100 % Polyacryl in Hellgelb, Hellblau und Rot*
- *Styroporkugel, 5 cm ø*
- *2 Knöpfe in Rot, 1,5 cm ø*
- *2 Knöpfe in Blau, 1,0 cm ø*
- *Nähgarn in Schwarz*

Maya

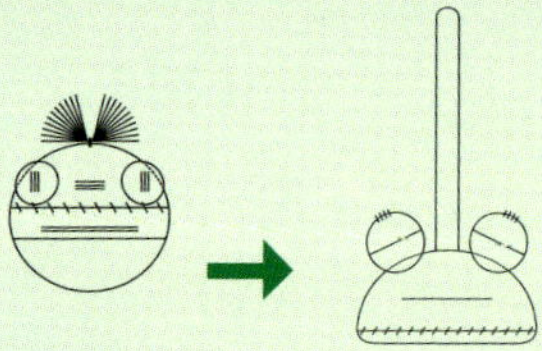

So häkelst du:

Beachte die Häkelschriften und die Figurenzeichnungen für den Frosch!

Körper

1. Häkle einen Kreis mit einem Durchmesser von ca. 6 cm in Gelb!
2. Häkle einen zweiten Kreis mit einem Durchmesser von ca. 5 cm in Gelb!
3. Lege den großen über den kleinen Kreis und nähe sie bis zur Hälfte zusammen!
4. Fülle die Körperform mit Watte aus, so dass eine feste Form entsteht!
5. Nähe die Öffnung zu!
6. Forme den Körper zu einer Halbkugel!

Froschaugen

1. Häkle je zwei Kreise mit einem Durchmesser von ca. 2 cm in Gelb und Weiß!
2. Lege je einen weißen auf einen gelben Kreis und nähe sie bis zur Hälfte zusammen!
3. Fülle die Augen mit Watte aus, so dass eine feste Form entsteht!
4. Nähe die Öffnung zu!
5. Sticke die Pupillen in Dunkelbraun auf!

Füße

1. Häkle 4-mal eine Luftmaschenkette mit 24 Luftmaschen in Hellblau!
2. Lege jede Luftmaschenkette zu drei Schlingen und nähe sie am Bauch des Frosches fest!

Haarlocke

Häkle die Locke in Form eines Rechtecks in Hellblau!

Und zum Schluss:

Nähe alle Teile zusammen! Sticke den Mund in Rot auf!
Du kannst den Frosch auch in anderen Farben, wie z.B. oben im Bild, häkeln.

Das brauchst du:

- *dünnes Garn aus 100 % Polyacryl in Gelb, Hellblau, Rot, Dunkelbraun und Weiß*

動物

Tier

Mayumi

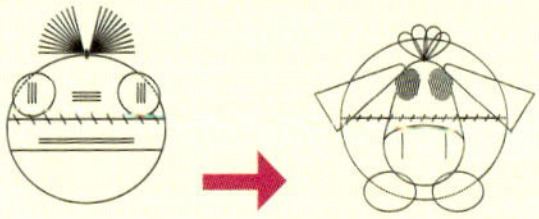

So häkelst du:

Beachte die Häkelschriften und die Figurenzeichnungen für das Schaf!

Körper

1. Häkle zwei Kreise mit einem Durchmesser von ca. 6 cm in Pink!

2. Lege die beiden Kreise aufeinander und nähe sie bis zur Hälfte zusammen!

3. Fülle den Körper mit Watte, so dass eine feste Form entsteht!

4. Nähe die Öffnung zu!

Kopf

1. Häkle einen Kreis mit einem Durchmesser von ca. 3,5 cm in Rosa!

2. Häkle jetzt ohne Zunahme den Kreis ca. 2 cm in Weiß weiter.

3. Fülle den Kopf mit Watte, so dass eine feste Form entsteht.

4. Häkle mit Abnahmen die Öffnung zu!

Füße

1. Häkle vier kleine Halbkugeln in Hellgrün!

2. Fülle sie mit wenig Watte aus!

Schwanz

1. Häkle eine Halbkugel in Weiß!

2. Fülle sie mit wenig Watte aus!

3. Nähe die Öffnung fest zusammen! So entsteht eine Kugel.

Augen

Häkle zwei Kreise mit einem Durchmesser von ca. 1 cm in Schwarz!

Haare

1. Häkle eine Luftmaschenkette mit 24 Luftmaschen in Hellgrün!

2. Lege die Luftmaschenkette zu drei Schlingen und nähe sie am Kopf an!

Ohren

1. Häkle zwei kleine Dreiecke von ca. 3 cm Höhe in Weiß!

2. Umhäkle alle Seiten mit Kettmaschen!

3. Nähe jedes Dreieck seitlich zusammen!

Und zum Schluss:

Nähe alle Teile zusammen! Nähe die Perlenknöpfe auf die Kreise! Sticke die Nasenlöcher in Schwarz auf!

Du kannst das Schaf auch in anderen Farben, wie z. B. oben im Bild, häkeln. Für die Hörner häkle eine Luftmaschenkette mit 16 Luftmaschen und 1 Reihe halbe Stäbchen!

Das brauchst du:

- *Fransengarn in Pink*
- *dünnes Garn aus 100 % Polyacryl in Weiß, Hellgrün, Rosa und Schwarz*
- *2 Perlenknöpfe in Rosa*
- *Nähgarn in Schwarz*

満足

Zufriedenheit

Isamu

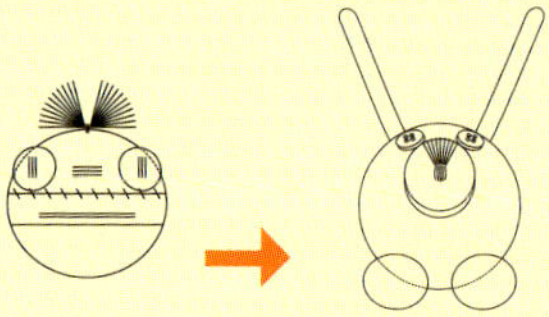

So häkelst du:

Beachte die Häkelschriften und die Figurenzeichnungen für den Hund!

Körper

1. Häkle zwei Kreise mit einem Durchmesser von ca. 6 cm in Rosa!
2. Lege die beiden Kreise aufeinander und nähe sie bis zur Hälfte zusammen!
3. Fülle die Kugel mit Watte, so dass eine feste Form entsteht!
4. Nähe die Öffnung zu!

Schnauze

1. Häkle zuerst einen Kreis mit einem Durchmesser von ca. 3 cm in Gelb!
2. Häkle zwei Runden ohne Zunahme weiter!
3. Ende mit einer Kettmasche!
4. Fülle die Schnauze mit Watte aus!
5. Sticke die Nase in Schwarz und die Zunge in Rot auf!

Füße

1. Häkle vier kleine Halbkugeln in Gelb!
2. Fülle sie mit wenig Watte aus!

Schwanz

1. Häkle den Schwanz in Form eines Rechtecks!
2. Rolle es zu einem Schlauch zusammen!
3. Nähe alle Seiten zu!
4. Schneide 3 cm lange Fäden zu!
5. Stich mit der Häkelnadel jeweils durch den Schwanz und hole den Faden!
6. Ziehe die Fadenenden jeweils durch die Schlaufe!
7. Schneide die Schwanzfransen auf eine Länge!

Ohren

1. Häkle zuerst einen Kreis mit einem Durchmesser von ca. 1 cm in Weiß!
2. Häkle ohne Zunahme 6 Reihen weiter! Wechsle alle 2 Reihen Rosa und Weiß!

Und zum Schluss:

Nähe alle Teile zusammen! Lege jeweils den kleinen auf den großen Knopf und nähe sie als Augen an!
Du kannst den Hund auch in anderen Farben, wie z.B. links oben, häkeln.

Das brauchst du:

- *dünnes Garn aus 100 % Polyacryl in Rosa, Weiß, Gelb, Rot und Schwarz*
- *2 Knöpfe in Schwarz, 1,0 cm ø*
- *2 Knöpfe in Gelb, 1,8 cm ø*
- *Nähgarn in Schwarz*

アクション

Action

Nanami

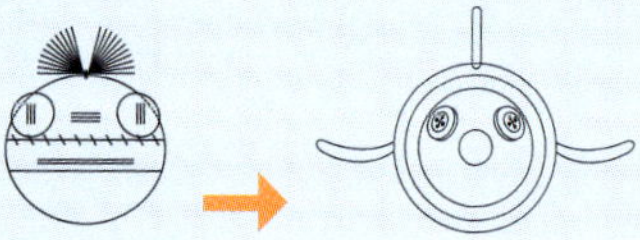

So häkelst du:

Beachte die Häkelschriften und die Figurenzeichnungen für den Fisch!

Körper

1. Häkle zwei Kreise mit einem Durchmesser von ca. 6 cm! Beginne mit Gelb! Wechsle dann alle zwei Runden die Farbe mit Hellblau!

2. Lege die zwei Kreise genau aufeinander und nähe sie bis zur Hälfte zusammen!

3. Lege die Styroporkugel ein oder fülle den Körper mit Watte!

4. Nähe die Öffnung zu!

Maul

1. Häkle eine Halbkugel in Rosa!

2. Stopfe sie mit wenig Watte aus!

3. Nähe die Kugel fest zusammen!

Schwanzflosse

1. Häkle die Form einer Schwanzflosse in Hellblau!

2. Umhäkle alle Seiten zuletzt mit einer Kettmasche!

Rückenflosse

1. Häkle die Rückenflosse in Form eines Rechtecks in Hellblau!

2. Umhäkle alle Seiten zuletzt mit Kettmaschen!

Brustflosse

Häkle die Brustflosse in Form eines halben Ovals in Blau!

Und zum Schluss:

Nähe alle Teile zusammen! Nähe die grünen Knöpfe als Augen an!
Du kannst den Fisch auch in anderen Farben, wie z.B. links oben, häkeln.
Für die Fadenflossen binde jeweils einen Faden in Orange und Weiß 3-mal um die vier Finger deiner Hand! Nimm sie von der Hand ab und binde sie mittig mit einem Faden zusammen!
Dann nähe sie am Körper an!

Das brauchst du:

- *dünnes Häkelgarn aus 100 % Polyacryl in Gelb, Hellblau und Rosa*
- *Styroporkugel, 5 cm ø*
- *2 Knöpfe in Hellgrün, 1,0 cm ø*
- *Nähgarn in Hellgrün*

満足した

Ich bin zufrieden

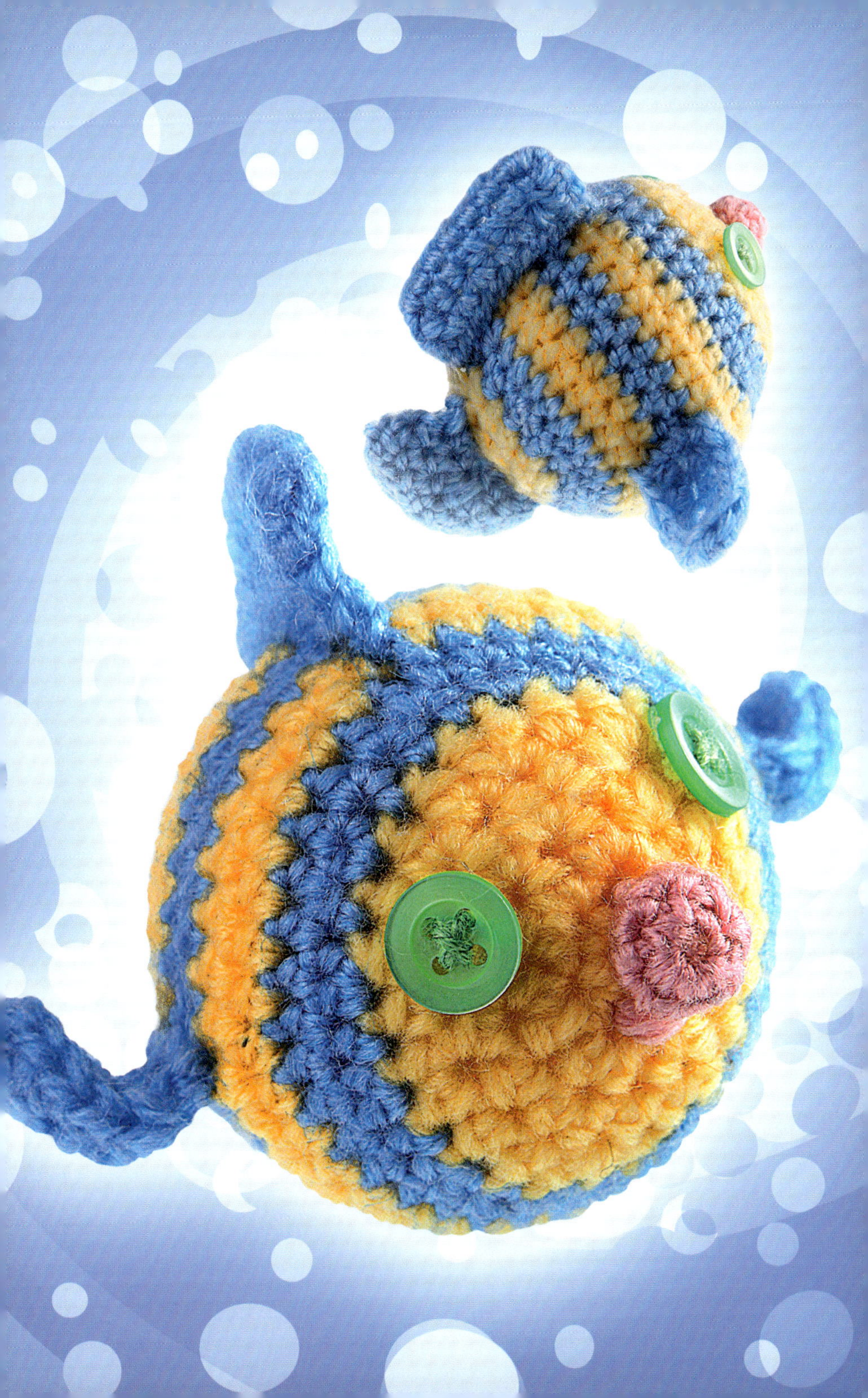

Akemi

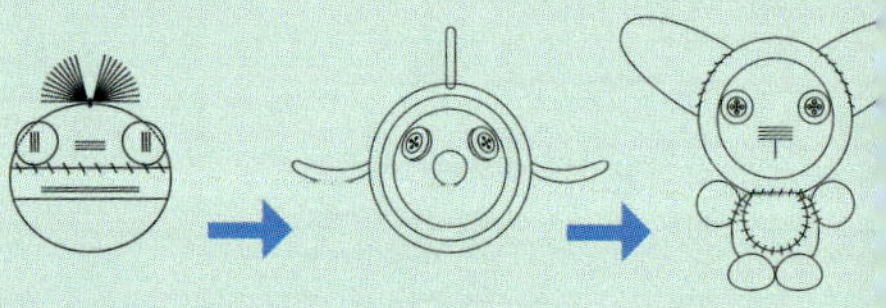

So häkelst du:

Beachte die Häkelschriften und die Figurenzeichnungen für den Hasen!

Kopf

1. Häkle einen Kreis mit einem Durchmesser von ca. 6 cm in Hellorange!

2. Häkle einen zweiten Kreis mit einem Durchmesser von ca. 6 cm! Beginne mit Weiß! Wechsle nach ca. 4,5 cm die Farbe und häkele in Orange weiter!

3. Lege die zwei Kreise genau aufeinander und nähe sie bis zur Hälfte zusammen!

4. Lege die Styroporkugel ein oder fülle den Körper mit Watte!

5. Nähe die Öffnung zu!

Körper

1. Häkle einen Kreis mit einem Durchmesser von ca. 3 cm in Hellorange!

2. Häkle einen zweiten Kreis mit einem Durchmesser von ca. 3 cm! Beginne mit Weiß! Wechsle nach ca. 2 cm die Farbe und häkele in Orange weiter!

3. Nähe die zwei Kreise bis zur Hälfte zusammen!

4. Fülle den Körper mit Watte!

5. Nähe die Öffnung zu!

Arme

1. Häkle zwei kleine Halbkugeln in Hellorange!

2. Fülle sie mit wenig Watte aus!

3. Nähe jeweils die Öffnung fest zusammen! So entstehen kleine Kugeln.

Füße

1. Häkle 4 Ovale in Hellorange!

2. Lege jeweils 2 Ovale aufeinander und nähe sie bis zur Hälfte zusammen!

3. Fülle die Füße mit Watte!

4. Nähe jeweils die Öffnung zu!

Schwanz

1. Häkle eine kleine Halbkugel in Hellorange!

2. Fülle sie mit wenig Watte aus!

3. Nähe die Öffnung fest zusammen! So entsteht eine Kugel.

Ohren

1. Häkle jeweils zuerst einen Kreis mit einem Durchmesser von ca. 1,5 cm in Hellorange!

2. Häkle dann ca. 1 cm mit Zunahme, dann weiter ohne Zunahme, bis das Ohr ca. 4,5 cm lang ist.

3. Ende mit einer Kettmasche!

4. Lege das Ohr flach zusammen!

Und zum Schluss:

Nähe alle Teile zusammen! Nähe die Knöpfe als Augen auf und sticke die Nase in Hellorange auf! Du kannst den Hasen auch in anderen Farben, wie z.B. links oben, häkeln.

Das brauchst du:

- *dünnes Garn aus 100 % Polyacryl in Hellorange und Weiß*
- *Styroporkugel, 5 cm ø*
- *2 Knöpfe in Hellblau, 1 cm ø*
- *Nähgarn in Hellblau*

Bauplan

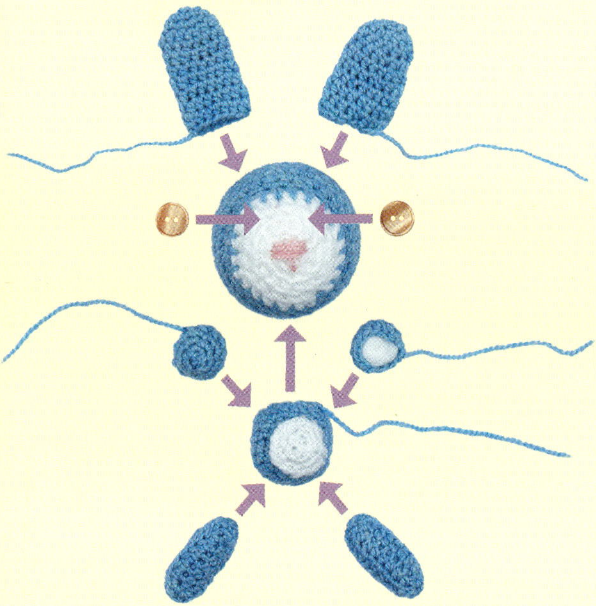

Impressum

Entwürfe, Realisation, Figurenzeichnungen: Nelli Bolgert
Texte: Ralph Krumbacher, Christine Müller
Lektorat: Christine Müller
Redaktion: Anke Sturm
Fotos: André Noll, außer: ravek gesellschaft für bild- und datentechnik mbh (Seiten 4, 8, 9)
Styling: André Noll, außer: Gundula Steinert (Seiten 4, 8, 9)
Häkelschriften, Fachkorrektur: Sabine Schidelko
Technische Häkelzeichnungen: Brigitte Fischer
Layout: Dieter Richert, Freiburg/Köln
Umschlaggestaltung und Reproduktion: buchkonzept@web.de
Druck und Verarbeitung: Himmer AG, Augsburg

ISBN 978-3-86673-022-9
Art.-Nr. 2022

Hersteller

Garne: Coats GmbH, Kenzingen, Österreich: Coats Harlander GmbH, Wien, Schweiz: Coats Stroppel AG, Turgi
www.coatsgmbh.de
Nadeln: Prym Consumer GmbH, Stolberg
Österreich: Coats Harlander GmbH, Wien, Schweiz: Boettcher AG, Luzern
www.prym-consumer.com
Knöpfe: Union Knopf GmbH, Bielefeld, www.unionknopf.com